Una familia visita un museo dedicado al gran pintor Velázquez. Maravillados por algunos de los cuadros, el niño y la niña hacen preguntas a sus padres. De entrada, ven una ilustración de la ciudad de Sevilla del siglo XVII, que era una de las ciudades más ricas e importantes del mundo; por su río Guadalquivir iban y venían barcos de América, donde el Imperio español tenía inmensas posesiones, cargados de mercancías. Los árabes habían dejado sus edificaciones en la ciudad y los cristianos habían construido conventos e iglesias. Y dentro de éstas había muchas pinturas. Por eso, en Sevilla los pintores tenían mucho trabajo, entre ellos Diego de Silva Velázquez, que nació en esta ciudad el año 1599. Su padre trabajaba de notario eclesiástico y su madre era hija de un calcetero.

–¿Cómo aprendió a pintar esta virgen tan bonita?

–¡Ah! Te refieres a este primerizo cuadro de la *Inmaculada Concepción*. Pues en el taller de Francisco Pacheco, como aprendiz.

–¡Mirad este cuadro titulado *Epifanía*: creo que son los Reyes Magos!, pero no parecen reyes...

–No, porque pintó a su propia familia. Por eso, estos reyes no son personajes majestuosos: son gente de su entorno, de la calle, con sus vestidos sencillos. Así será la pintura de Velázquez mientras viva en Sevilla: bodegones donde vemos hogazas de pan, mesas de madera con vasos de barro, escudillas, huevos, sardinas, personas humildes. Mirad *La sirvienta* o *Jesús en casa de Marta y María* donde la escena se desarrolla en una cocina con pescados, pimientos rojos, ajos, un mortero; o este otro, *Los músicos*, que son chicos de taberna.

–¡Nunca había visto unos huevos fritos en un cuadro!

»El maestro enseñaba a los aprendices los secretos del oficio: molían las piedras de las cuales salían los pigmentos de colores, armaban los bastidores y tensaban los lienzos, que se preparaban con colas calientes. Ayudaban al maestro; éste hacía las partes más importantes de una figura, como el rostro, y ellos, el resto: los objetos o los fondos. A cambio, les daba casa, comida, ropa y zapatos. Velázquez aprendió con un «aldeanillo que le servía de modelo y a quien dibujaba en varias posturas, riendo o llorando». Cuando quiso crear su propio taller, a los 18 años, tuvo que pasar un examen, que aprobó, y así pudo entrar en el gremio de pintores de San Lucas. Un año después se casó con la hija de su maestro, Juana, que tenía 15, y tuvieron dos hijas.

–Es *Vieja friendo huevos*. Velázquez pintaba estos temas caseros imitando del natural; los personajes son tal como eran: jóvenes o muy viejos, humildes. Y ya pinta la luz y cómo ésta incide en todos los objetos. Fijaos como una fuerte iluminación viene de la izquierda del cuadro y es la que nos muestra todos los detalles y al chico del melón, y esto le da esa sensación de realidad. Y en este otro cuadro, *El aguador de Sevilla*, ¡cómo la penumbra del fondo contrasta con el cántaro que está muy iluminado captando toda la luz!

»Su manera de pintar en estos primeros años es con una línea de dibujo estricta que marca el perfil y las facciones del rostro, como este retrato del poeta *Luis Góngora* o el rostro enérgico de *Sor Jerónima de la Fuente,* una monja que con 70 años ¡se marchó a Filipinas a fundar un convento!

»El mejor lugar para hacer carrera como pintor era en Madrid, donde vivían los reyes, y allá se trasladó en 1623. Hizo un retrato del rey Felipe IV que gustó tanto que ¡luego le hizo más de 30! Con diferentes atuendos y distinciones, siempre serio y digno como era menester de su cargo, pero tristón, con sus labios gruesos y su nariz larguirucha. ¡Y a lo largo de los años, vemos como el rey envejece!

−¿Y el pintor y el rey se hicieron amigos?

−Sí: hicieron muy buenas migas. Al rey le gustaba la pintura, tenía una buena colección de cuadros en el palacio y había recibido clases de dibujo. Acudía con frecuencia a ver cómo pintaba. Tanto le apreciaba que le hizo pintor de cámara. Su misión era servir a su rey. Los reyes querían pasar a la posteridad y se hacían pintar por los mejores pintores. Se dedicó a este importante cargo el resto de su vida y disponía de su propio taller, donde guardaba muchos libros. Tenía privilegios y honores, pero ¡ay!, también sufrió muchas envidias de los nobles con sus intrigas palaciegas. ¡Incluso otros pintores dijeron que sólo sabía pintar cabezas! Y él se quejaba de que le pagaban el sueldo con retraso, ya que la corte española, con sus fastos y guerras, tenía graves problemas económicos. Pintó a muchos nobles. Fijaos que ya no son personas humildes como hemos visto en los cuadros de Sevilla. Reflejan su porte aristocrático y son hieráticos. Y llevan una gorguera, un cuello rígido cortado con cartón, forrado de seda blanca y cubierto por almidón, que era una señal de distinción.

–¿Quién es este niño que monta a caballo?

–Es el príncipe Baltasar Carlos, hijo de Felipe IV e Isabel de Borbón. Va vestido de mayor porque era el príncipe heredero, pero su rostro es hermoso y dulce. Lo pintó con su sable, su banda y al lado de su enano. A Velázquez le gustaba pintar caballos: pensad que era el medio de transporte noble para montar o arrastrar un carruaje.

–¿La familia real siempre estaba encerrada en el palacio?

–No, iban de caza, su deporte favorito. Mirad esos cuadros: los pinta con su indumentaria de caza, escopetas de largo cañón, sus gorras y monteras. Y en este otro cuadro, *La montería del Hoyo*, nos describe muy bien como eran las cacerías: fastuosas y costosas.

—¡Me gustan los perros que pinta! —exclama el niño—. ¡Son tan reales que puedo tocar su pelaje, su hocico! Me hubiera gustado ir de caza con Baltasar Carlos y cazar el ciervo que hay en este otro cuadro y que nos mira fijamente como si estuviera en el bosque.

—¡Uy! —dice la niña—. Aquí hay otro gran caballo, haciendo patas y tan grande que parece que va a salirse del cuadro. ¿Quién es este hombre que lo monta, tan gordo, con este mostacho y este sombrerazo?

—El Conde Duque de Olivares. Era el valido del rey, una especie de primer ministro, el personaje más poderoso de España, hacía y deshacía, hizo reformas, paró motines, declaró guerras... ¡Mandaba casi más que el rey! Lo pintó tal como era: arrogan-te, con todos los atributos de poder, como la vara de caballerizo mayor del rey y la llave de oro.

—¿Y estos hombres con esos mostachos y los mofletes rojos?

—Este cuadro se titula *Los borrachos*. Es como si Velázquez recordara sus años en Sevilla, con sus personajes populares: una reunión de campesinos, riendo. Quizás era una manera de escaparse del ambiente rígido de la corte.

»Velázquez conoció a otro gran pintor llamado Rubens, que era de Flandes y que vino a Madrid en misión diplomática. Se hicieron amigos, fueron juntos al monasterio de El Escorial a ver pinturas y éste le dijo que si quería aprender aún más a pintar tenía que ir a Italia, donde había excelentes pintores.

»Y hasta allí viajó en una galera, desde Barcelona a Génova, con un criado, con cartas de recomendación y anunciando su visita a los gobiernos de las distintas ciudades que recorría. Como pintor del rey de España, podía ver todas las colecciones de pintura. Y en Roma visitó la Capilla Sixtina y vivió en la Villa Medicis, donde copió muchas esculturas clásicas. Su pintura se hizo más alegre y colorista.

Fijaos en este cuadro que se llama *La fragua de Vulcano*. Los cuerpos de los jóvenes parecen esculturas pintadas, aunque los modelos seguro que eran chicos romanos. Y cómo brillan los elementos metálicos: ¡Velázquez era capaz de pintar el relieve! Y los chicos tienen cara de sorpresa porque el cuadro representa al dios Vulcano, que era herrero y muy feo, cuando recibe la visita de Apolo, quien le dice que su esposa, Venus, le engaña con otro hombre, el dios Marte.

»Velázquez regresó a Madrid y tuvo mucho trabajo. Como superintendente de las obras de la Corona tenía que decorar las salas de los palacios, hacer dictámenes sobre otros cuadros, o ¡ayudar en el guardarropa! Además, en Madrid se estaba construyendo el palacio del Buen Retiro. ¿Cuál sería el trabajo de Velázquez en este palacio?

–Pintar cuadros para llenar las paredes. ¡Que los palacios son muy grandes!

–Exacto. Para el palacio fueron *Las hilanderas* y este otro cuadro de guerra: *La rendición de Breda*. En aquellos años, la corona española tenía posesiones en los países que ahora se llaman Holanda y Bélgica, que continuamente estaban en guerra por mantener el poder en esta zona. Los españoles vencieron a los holandeses y en este cuadro Velázquez no quiso mostrar las crueldades de la guerra, sino que trata la rendición con caballerosidad. Reconoce el valor de los derrotados y los dos jefes se dan la mano. Fijaos que hay muchos personajes en cada bando, cada uno con distintas actitudes. Incluso hay uno que quiere mofarse y su compañero le insta a callarse.

—¿Y estas lanzas las utilizaron para vencer a los holandeses?

—No exactamente. Las añadió más adelante. Simbolizan lo que se llama «las picas de Flandes»: eran las armas de los batallones de la Corona. Y se decía que éstas sostenían al rey y al Imperio, pero que a la vez costaba tanto dinero mantenerlas que lo arruinaron.

»Velázquez pintaba también temas religiosos: no olvidéis que en el siglo XVII España era un país muy religioso. Mirad este Cristo tan bello y de proporciones perfectas.

—Es extraño. ¿Cómo es que no sufre con las manos y los pies clavados en la cruz?

—Sí que sufre, pero para que no veamos su agonía le cubre la mitad de la cara con un mechón de cabello. Y los pies están en una especie de reposapiés, para que sea leve su peso y su sufrimiento.

—Si este Cristo es tan perfecto, ¿cómo pudo pintar, entonces, estos personajes tan deformes y raros?

–¡Velázquez era un maestro y podía pintarlo todo! Son enanos y bufones que pululaban por la corte. Los reyes, sus hijos y los nobles se divertían con ellos. Había *El Niño de Vallecas*, *el Calabacillas*, o *Sebastián de Morra*. Y los hubo como *Diego de Acedo*, que estampaba los documentos con la firma del rey. Seguramente corrían por su taller y quizás le conmovían.

»En 1649 Velázquez viajó a Italia por segunda vez con la misión, encargada por el rey, de comprar pinturas y esculturas antiguas.

–¡Uy, este hombre con atuendo púrpura de ahí… Parece que va a reñirme y a no dejarme pasar una!

–Este cuadro lo pintó en Roma y es el Papa *Inocencio X*. Éste era uno de los hombres más poderosos del mundo en aquella época. Sí, ¡su mirada es muy dura y penetrante! Lo pintó con tal semblanza, que al mismo Papa le pareció «demasiado verdadero».

—Y en este otro cuadro, esta mujer desnuda que se mira en un espejo. ¡Qué trucos tenía Velazquez! ¡Así podemos ver su cara al mismo tiempo que su cogote y su espalda!

—Es *La Venus del espejo*, una diosa, pero no se sabe quién pudo ser la modelo. Se ha descubierto que Velázquez pudo haber tenido un hijo en Roma y se apunta que su madre podría ser la mujer retratada. ¡Quizás estaría enamorado de ella! Fijaos con qué delicadeza está pintada: las suaves líneas de su cuerpo, los colores tenues en contraste con el rojo de la cortina. Quizás esta bella mujer fue quien lo retuvo en Roma, porque el rey quería que volviese a Madrid ¡y le envió 14 cartas metiéndole prisa! Finalmente volvió a Madrid con cajas llenas de pinturas que hoy vemos en el Museo del Prado.

»Y ya no se movió más de España. En los últimos 10 años de su vida tuvo mucho trabajo, agobiado por gestiones administrativas. Aunque también tuvo alegrías: su hija se casó con Juan Bautista Martínez del Mazo, un aprendiz de su taller (tal como había hecho él mismo), que seguramente intervino en algunas de sus obras. Y tuvo varios nietos.

»Y finalmente consiguió entrar en la orden de Santiago. La redacción del informe constó de 148 testigos y duró 113 días, porque para entrar tenía que ser noble de cuna y no constaba que su familia lo fuera. Entonces, sólo el Papa lo podía autorizar, y luego el rey. Y así se hizo. ¡Ya no sería más un siervo del rey, sino un hidalgo, un noble, como siempre quiso! Siguió pintando la familia real, ya que el rey tenía una nueva esposa, Mariana de Austria, ¡que era su sobrina!, e hijos.

–¡Qué incómodos debían de ser los vestidos y los peinados que llevan la reina y las infantas!

–Claro, son retratos de protocolo y van en traje de corte: corpiño ajustado y guardainfante, que es ese gran armazón debajo del vestido. ¡Lo usaban las mujeres para guardar las distancias con los hombres! Velázquez les hizo retratos para mostrarlos en las diferentes casas reales europeas y concertar matrimonios. Ellas no se casaban con quien querían: puede que estos vestidos que parecen armaduras reflejen su falta de libertad.

»Hemos hablado mucho del pintor y nunca le hemos visto pintando. Contemplad con atención este gran cuadro, *Las meninas*. Todo lo que hemos dicho está ahí. A ver...

–¡El pintor es quien está detrás del caballete con sus bigotes para arriba, y lleva la cruz roja de la orden de Santiago, para que se vea su rango, y la llave! Y él mismo se sitúa en un lugar muy visible del cuadro para reivindicar su oficio de pintor. La niña del centro es la infanta Margarita, con sus damitas de honor... Hay una enana y un enano, y personajes de la corte. Y ahí detrás vemos a los reyes Felipe IV y Mariana, reflejados en el espejo, que están mirando la escena. ¡Y uno de los perros! Y en las paredes hay cuadros colgando, claro, porque había comprado pinturas para el rey. ¡Y la luz entra por las ventanas laterales y descubre a los personajes!

–Muy bien. La pintó en el obrador del pintor de cámara. Y su pintura ha evolucionado: la línea de los contornos se diluye, de cerca todo son borrones y manchas pero de lejos todo aparece unificado y más realista aún. Las pinceladas vigorosas unen luz y color y es como si el aire circulara por el interior del cuadro. Este cuadro se colgó en el despacho del rey y se le llamó *La familia*.

—Al final de su vida, en su cargo como aposentador, Velázquez tuvo que preparar la entrega de la hija del rey, María Teresa, para casarla con el rey Luis XIV de Francia, el llamado «Rey Sol», que viviría en el pomposo Palacio de Versalles. El encuentro se produjo en la Isla de los Faisanes, en la frontera entre España y Francia, y él se tuvo que encargar de todo el séquito, de decorar el pabellón y recibir los invitados, entre los que estaban unas mujeres francesas que introdujeron una nueva manera de vestir en España, más ligera y con más colores. El trabajo fue tan agotador para Velázquez que cuando regresó a Madrid, enfermó de viruela y murió al poco tiempo, el 6 de agosto de 1660. Seis días después falleció su esposa Juana.

»Bueno, jóvenes, si os ha gustado Velázquez, vamos a acercarnos al Palacio Real para contemplar la Sierra y su magnífica luz.

—¡Sí, y a ver si encontramos un caballito como el de Baltasar Carlos!

—¡Y yo te esperaré en palacio, jugando con mis meninas!

DOÑA JUANA